AF357183

Une Bâtarde

de la

Maison de Lorraine

EN BOULONNAIS

PAR

LOUIS BOSSU

Avocat Général près la Cour d'Appel de Douai
Membre de la Société des Lettres, Sciences & Arts de Bar-le-Duc
et de la Société d'Archéologie Lorraine
Officier de l'Instruction Publique

PARIS

LIBRAIRIE ALPHONSE PICARD & FILS

82, Rue Bonaparte, 82

1902

Une bâtarde de la Maison de Lorraine

EN BOULONNAIS

Les archives judiciaires de la petite bourgade
de Neufchâtel, en Boulonnais,[1] contiennent un
acte assez curieux et qui n'a pas encore été
signalé, que nous sachions ; c'est l'acte de
baptême d'une bâtarde d'un prince de la maison
de Lorraine-Elbeuf [2], arrière-petite-fille du bon
roi Henry IV.

Cet acte est ainsi conçu : « Registre paroissial
» de Neufchastel, séneschaussée de Boulenois.
» L'an mil six cent soixante et treize et le premier
» jour de juin a esté baptisé une fille bastarde
» née le vingt cinquième jour du mois précédent
» de Marie Védrenne jeune fille à marier demeu-
» rant présentement en cette paroisse laquelle a
» dict et déclaré que ledict enfant provient du

---

(1) Commune du canton de Samer, arrondissement de Boulogne-sur-
Mer, Pas-de-Calais.

(2) Les ducs d'Elbeuf portaient : *de Lorraine-Guise*, à *la bordure de
gueules*. (Picardie). Voir les armes des Guise, page 4.

» faict de Monseigneur Charles de Lorraine duc
» d'Elbeuf gouverneur de Picardie et des ville et
» citadelle de Monstreuil laquelle a esté nommée
» Jeanne par Jean du Bois et Jacqueline Felin
» ses parin et marine icy signez. »

Signé au registre : « Jean du Bois. ✠ de Jacqueline Felin. N. Le Roy prebstre curé de Neufchastel et Nesles. »

Le duc d'Elbeuf dont il est ici question est
Charles de Lorraine, duc d'Elbeuf, troisième du
nom, pair de France, gouverneur de Picardie,
Artois, Boulonnais, comté de Hainaut, pays
conquis et reconquis et des ville et citadelle de
Montreuil sur la mer, fils de Charles de Lor-
raine[1] duc d'Elbeuf, deuxième du nom, pair de
France, comte d'Harcourt, de Lillebonne et de
Rieux, chevalier de l'ordre du Roi, gouverneur
de Picardie, et de Catherine-Henriette, légitimée
de France[2], fille du roi Henry IV et de la fameuse
Gabrielle d'Estrées duchesse de Beaufort.[3]

Cette branche des ducs d'Elbeuf était un rameau
de celle des Guise[4]. Le bisaïeul de Charles III

(1) Mort d'hydropisie à Paris, le 5 novembre 1657, à l'âge de 61 ans
et enterré à l'église collégiale de La Saussaye, près Elbeuf.

(2) Morte à Paris, le 20 juin 1663, à l'âge de 67 ans.

(3) d'Estrées, ducs d'Estrées : *fretté, d'argent et de sable, au chef d'or,
chargé de trois merlettes de sable.* (Picardie).

(4) Lorraine-Guise : *coupé de quatre en chef et quatre en pointe ; au
1, fascé, d'argent et de gueules, de 8 pièces, qui est* HONGRIE *; au 2,
semé de France, au lambel de 5 pendans de gueules, qui est* ANJOU-
SICILE *; au 3, d'argent, à la croix potencée d'or, cantonnée de 4 croi-
settes de même, qui est* JÉRUSALEM *; au 4, d'or, à 4 pals de gueules,*

de Lorraine-Elbeuf, René de Lorraine, était en
effet le huitième enfant de Claude de Lorraine,
premier duc de Guise, grand veneur de France,
gouverneur de Champagne et Brie et de Bourgogne et de Antoinette de Bourbon, et par con-
séquent le petit fils du vainqueur de Charles le
Téméraire, le duc René de Lorraine et de sa
seconde femme Philippe de Gueldres[1].

Quant au gouverneur de Picardie et de Montreuil dénoncé par Marie Védrenne comme étant
le père de son enfant, il était né en 1620 à Paris
et avait débuté à l'armée de Piémont sous le
nom de Comte d'Harcourt. Il avait dirigé le siège
de Coni[2] en 1641, et, sous les ordres du maréchal de Gassion,[3] en 1644, il avait pris une
part importante au siège et à la prise de Gravelines.[4] Enfin, il avait fait brillamment la cam-

qui est ARRAGON ; *au 1 de la pointe, semé de France, à la bordure de
gueules, qui est* ANJOU ; *au 2, d'azur, au lion contourné d'or, couronné
de même, armé et lampassé de gueules, qui est* GUELDRES ; *au 3, d'or,
au lion de sable, armé et lampassé de gueules, qui est* FLANDRE ; *au
4, d'azur, semé de croix recroisettées, au pied fiché, d'or, à deux
barbeaux adossés, du même, qui est* BAR ; *et, sur le tout, d'or, à la
bande de gueules, chargée de trois alérions d'argent, qui est* LORRAINE ;
au lambel de 3 pendans de gueules, en chef. (Picardie).

(1) Gueldres : *d'azur, au lion contourné d'or, couronné de même,
armé et lampassé de gueules.* (Pays Bas.)

(2) Coni, ville de Piémont, prise en 1641, après la bataille d'Ivrée.

(3) Jean de Gassion, né à Pau, en 1609, créé maréchal de France en
1643, reçut en 1647 au siège de Lens une mousquetade dont il mourut
quelques jours après.

(4) Gravelines, bourg de l'arrondissement actuel de Dunkerque, enlevé
en 1644 par le maréchal de Gassion, lieutenant-général de l'armée de
Flandre commandée par Gaston d'Orléans. Gassion y fut grièvement
blessé.

pagne de Flandre,[1] en 1647, avec le duc d'Enghien[2] et le roi Louis XIV l'avait récompensé en lui donnant, à la mort de son père, le gouvernement de Picardie qu'occupèrent successivement trois générations de ducs d'Elbeuf.[3]

Il s'était marié trois fois, ayant épousé en premières noces, le 7 mars 1648, Anne-Elisabeth de Lannoy,[4] fille de Charles, comte de Lannoy, chevalier de l'ordre du Roi, gouverneur de Montreuil et de Anne d'Aumont.[5]

Il avait eu de ce premier mariage deux enfants: 1º Anne-Elisabeth, née à Paris, le 6 août 1649, mariée dans la chapelle du château de Bar-le-Duc, le 28 avril 1669, à son parent Charles-Henri de Lorraine, prince de Vandémont, fils du duc Charles IV et de Béatrix de Cusance[6] princesse de Cantecroix, et qui mourut d'apoplexie le 5 août 1714; 2º Charles, né à Paris le 2 novembre 1650, chevalier de Malte, mort en 1690.

Sa première femme étant décédée à Amiens,

---

(1) Cette campagne fut marquée par la prise de Bergues, Mardyck, Furnes et Dunkerque.

(2) Le grand Condé.

(3) Charles II, Charles III et Henry de Lorraine, ducs d'Elbeuf. Charles III de Lorraine avait fait entériner au Parlement ses lettres de provision le 12 mars 1658 et avait fait son entrée solennelle à Amiens, chef-lieu de son gouvernement, le 17 du même mois. (Arch. mun. Amiens, BB. 67.)

(4) de Lannoy, comtes de Lannoy : *d'argent, à trois lions de sinople, armés et lampassés de gueules, couronnés d'or, 2 et 1.* (Flandre.)

(5) d'Aumont, barons de Chappes et ducs d'Aumont: *de sable, au mont alaisé d'or, au chef cousu d'azur, chargé d'un soleil du second et soutenu d'une devise d'argent.* (Flandre.)

(6) de Cusance: *d'or, à l'aigle éployée, de gueules.* (Bourgogne.)

le 3 octobre 1654, à l'âge de 28 ans, Charles de
Lorraine épousa en secondes noces, le 20 mai
1656, Elisabeth de La Tour d'Auvergne [1], fille
de Frédéric-Maurice, duc de Bouillon, prince de
Sedan, Jametz et Raucourt, vicomte de Turenne,
duc d'Albret et de Château-Thierry, pair de
France et lieutenant général des armées du roi et
de Eléonore-Catherine-Fébronie de Bergh [2], qui
ne lui donna pas moins de six enfants: 1o Henry-
Frédéric, comte de Lillebonne, né à Paris le 26
janvier 1657, mort à Paris le 21 octobre 1666 ; —
2o Marie-Eléonore, née le 24 février 1658, qui fit
profession au couvent de la Visitation du faubourg St-Jacques, à Paris, le 16 mai 1676 ; —
3o Marie-Françoise, née le 5 mai 1659, religieuse
de la Visitation comme sa sœur et qui fit profession au couvent du faubourg St-Germain [3], à
Paris, le 13 janvier 1680 ; 4o Henry, duc d'Elbeuf,
né le 7 août 1661, qui plus tard succéda à son
père dans son gouvernement de Picardie et de
Montreuil, se maria à St-Germain-en-Laye, le 28
janvier 1677, à Charlotte de Rochechouart-

---

(1) de la Tour, comtes d'Auvergne, vicomtes de Turenne, ducs de
Bouillon : *d'azur, semé de fleurs de lys d'or, à la tour d'argent.*
(Auvergne).

(2) de Bergh : *d'argent, à l'aigle éployée de gueules, becquée et
pattée d'azur.* (Luxembourg).

(3) Elle avait pris l'habit le 1er septembre 1678 en présence du car-
dinal de Bouillon, son oncle et du père Bourdaloue qui prêcha le sermon.
(Gazette de France, 1678. Bibl. Nat., Man. fr., nouv. acq. 9646.)

Mortemart [1] et laissa deux enfants morts sans union [2] et en qui s'éteignit la race des ducs d'Elbeuf ; — 5° Louis, abbé d'Orcamp [3], né le 18 septembre 1662, mort à Paris, le 4 février 1693 et enterré à l'église St-Sulpice ; — 6° enfin, Emmanuel-Maurice, prince et duc d'Elbeuf, né le 30 septembre 1677, général de cavalerie au service de l'Empire, marié à Naples, le 25 octobre 1713, à Maria-Teresa Stramboni [4] duchesse de Salza, et plus tard, le 6 janvier 1747, à Innocente-Catherine de Rougé du Plessis-Bellière [5].

Devenu veuf de nouveau, sa seconde femme étant morte, âgée de 45 ans [6], le 23 octobre 1680, Charles de Lorraine convola en troisièmes noces, le 25 août 1684, avec Françoise de Montaut, fille de Philippe de Montaut [7] duc de Navailles, ma-

(1) De Rochechouart, ducs de Mortemart et de Vivonne, princes de Tonnay-Charente : *fascé, ondé, d'argent et de gueules, de 6 pièces.* (Poitou.)

(2) Un fils, Philippe, dernier prince d'Elbeuf, né en 1678, colonel de cavalerie en 1703, brigadier d'armée en 1704, tué à Chiuse, Piémont, d'un coup de pistolet, le 18 juin 1705, et une fille, Armande-Charlotte, née en 1683 et décédée en 1701.

(3) L'abbé d'Orcamp eut, de Catherine-Henriette du Fay marquise de la Mésangère, une fille qui se prétendit née d'un mariage secret ; mais le Parlement débouta celle-ci de ses prétentions, déclarant le mariage illégal, en tant qu'il eût réellement existé.

(4) Elle se retira à Gondreville, en Lorraine, dans un hôpital des Frères de la Charité qu'elle y avait fondé et où elle mourut en 1745. Stramboni, ducs de Salza : *coupé, au 1, d'azur, à une colonne d'argent, accostée de 2 lions affrontés, d'or ; au 2, bandé d'or et d'argent.* (Deux-Siciles.)

(5) De Rougé, marquis du Plessis-Bellière : *de gueules, à la croix pattée d'argent.* (Bretagne.)

(6) Elle était née le 11 mai 1635.

(7) De Montaut, ducs de Navailles, barons de Montaut : *d'azur, à deux mortiers d'argent, allumés de gueules, posés en pal.* (Languedoc.)

réchal de France et de Suzanne de Baudéan de Parabère [1], première dame d'honneur de la reine Anne d'Autriche.

De cette troisième et dernière union naquirent encore deux enfants : 1º Suzanne-Henriette, née le 1er février 1686, mariée à Milan, le 8 novembre 1704, à Ferdinand-Charles de Gonzague [2], duc régnant de Mantoue et de Montferrat, veuve le 5 juillet 1708, décédée à Paris, le 16 décembre 1710 et enterrée aux Jacobins du Faubourg St-Germain ; — et 2º Louise-Anne-Radégonde, née le 10 juillet 1689, religieuse de l'Ordre de Cîteaux et abbesse de Saint-Saëns [3], au diocèse de Rouen.

Mais ces trois épousées n'avaient pas suffi à remplir la vie et le cœur du bouillant duc d'Elbeuf et, au cours de ces divers mariages, ce digne petit-fils de Henri IV ne reconnut pas moins de trois filles naturelles [4].

De sa liaison avec Anne d'Anglebermer [5],

(1) De Baudéan, comtes de Parabère: *écartelé, aux 1 et 4, d'or, à un pin fruité et arraché, de sinople, et aux 2 et 3, d'argent, à deux ours levés, de sable.* (Bigorre.)

(2) De Gonzague, ducs régnants de Mantoue et de Montferrat, ducs de Guastalla et Sabionetta, princes de Bozzolo : *fascé d'or et de sable, de 8 pièces.* (Lombardie.)

(3) Abbaye de filles de Cîteaux. Saint-Saëns est aujourd'hui chef-lieu de canton de l'arrondissement de Neufchâtel-en-Bray (Seine-Inférieure).

(4) Il avait, il faut l'avouer, de qui tenir de ce chef, car son père Charles de Lorraine, duc d'Elbeuf, deuxième du nom, avait, outre six enfants légitimes, laissé cinq bâtardes, dont trois issues d'une demoiselle de qualité de la province de Flandre et les deux autres d'une fille de la bourgeoisie.

(5) D'Anglebermer : *d'azur, fretté d'or, de 6 pièces.* (France.) Les d'Anglebermer étaient seigneurs d'Authion et Hirson dès le XIVe siècle

damoiselle d'une des plus nobles maisons de l'Ile-de-France, il eut, le 25 avril 1682, une fille nommée Marie-Charlotte et, le 4 avril 1688, c'est à dire au cours de son troisième mariage, une seconde fille nommée Anne-Élisabeth.

Enfin, d'une autre liaison était née à Elbeuf, en 1675, une fille nommée Charlotte-Marguerite, qui bénéficia d'une légitimation posthume par lettres patentes de mai 1708.[1]

Rien d'étonnant en conséquence à ce que le duc d'Elbeuf, toujours vert malgré ses 53 ans, ait laissé dans son gouvernement de Picardie d'autres traces vivantes de son passage et donné, en 1673, à Marie Védrenne toutes raisons de le dénoncer comme père de sa fille naturelle. Jamais, du reste, celle-ci ne se fut risquée, et cela dans le gouvernement même de son princier amant, à solenniser devant l'Eglise pareille déclaration, si celle-ci n'eut été indiscutable, car elle ne pouvait ignorer les peines rigoureuses que la loi lui eût réservées en cas contraire.

et plus tard de Lagny, Barsy, Passy-sur-Marne, Juvincourt, Mesmont, Bazoches, etc.

Le 25 décembre 1369, Jean d'Anglebermer était lientenant du gouverneur du Crotoy, et le 29 juillet 1392, Ferry d'Anglebermer comparaissait à la monstre de messire Gilles de Mailly, au Mans. (Gaignières.)

(1) Voici son acte de baptême transcrit sur les registres paroisssiaux d'Elbeuf. « Le onzième jour de novembre 1679 a été baptisée sous con- « ditions Charlotte-Marguerite, âgée de quatre ans au mois d'octobre « dernier, fille naturelle de Messire Charles de Lorenne duc d'Elbeuf, « suivant la réquisition qui en a été faicte estant pour lors en ce bourg « et nommée par Monsieur de Reculais, intendant de la maison du dict « seigneur d'Elbeuf et damoiselle Vallot, femme de M. François Du- » chesne, escuyer, s^r des Monts, bailli d'Elbeuf, ses parain et marrainne. »

Le duc d'Elbeuf était, en effet, fort chatouilleux sur le point d'honneur et la province était
encore sous le coup de l'effet produit par un
récent procès qu'il avait engagé au criminel
devant le Parlement de Paris, en 1671, contre le
sieur Jean Moullart[1], dit du Mottoy, vieillard de
79 ans, et ses deux fils Jacques Moullart, dit de
Vilmarest et Charles Moullart, dit de Séhen.
Ceux-ci, qui avaient été déclarés par arrêt du.
Conseil du Roi, roturiers, pour cause de dérogeance d'un de leurs auteurs, s'en étaient pris
au Gouverneur de Picardie et avaient lancé
contre lui un libelle diffamatoire et le Parlement,
sur la plainte du duc d'Elbeuf, avait rendu, le
23 juin 1671, un arrêt contradictoire pour le
premier des accusés et de contumace pour les
deux autres, qui condamnait Jean Moullart, dit
du Mottoy, accusé détenu en la conciergerie du
Palais depuis 7 mois, en la peine du bannissement de la province de Picardie et des ville
et prévôté de Paris pendant 9 ans et en 500 livres
d'amende, Jacques Moullart, dit de Vilmarest, à
être pendu et étranglé en effigie et Charles
Moullart, dit de Séhen, en 5 années de bannissement et 300 livres d'amende, enfin tous trois
solidairement en 2000 livres de réparation envers
Charles de Lorraine ; et, afin que le public n'en

(1) Moullart : *d'or, au lion de vair, lampassé et armé de gueules.*
(Picardie.) Leur noblesse paraît avoir été reconnue, dans la suite, par
arrêt du Conseil du Roi.

ignore, le Parlement avait ordonné la publication de son arrêt dans les gouvernements de Picardie, Artois, Boulonnais, comté de Hainaut, pays conquis et reconquis, à la tête desquels se trouvait le duc[1].

La province était encore trop fraîchement impressionnée par cette impitoyable répression pour que Marie Védrenne, et avec elle le curé de Neufchâtel et Nesles, eussent osé se risquer à encourir la colère de Charles de Lorraine en lui imputant une paternité qui eut été contestable.

Le silence du duc d'Elbeuf semble d'ailleurs constituer une reconnaissance tacite de la véracité de cette déclaration qu'il n'a pu ignorer.

Mais l'enfant né à Neufchâtel ne pouvait prétendre aux honneurs de la reconnaissance ou de la légitimation officielles, que le pharisaïsme de l'époque réservait aux seuls bâtards nés de filles de qualité. Or, Marie Védrenne était certainement une fille du peuple : les parrain et marraine de son enfant furent de pauvres paysans du Boulonnais, Jean du Bois et Jacqueline Felin et Charles de Lorraine se garda bien d'apparaître à l'acte de baptême qui l'eût compromis ridiculement avec une fille du commun.

Que devint Marie Vedrenne, d'où venait-elle ?

(1) Bibl. nat. Factum, nᵒˢ 11.758 et 11.759 et collection Anisson, vol. 22.087, page 651.

Toutes questions auxquelles il est difficile de répondre. Ce qui est certain, c'est que son nom est inconnu à Neufchâtel avant comme après 1673. Toutes nos recherches dans les registres paroissiaux d'Amiens et de Montreuil n'ont pu davantage nous donner le moindre renseignement à cet égard.

Quant à l'enfant, la petite Jeanne, elle suivit sa mère dans son exode, car, sauf l'acte cité plus haut, les registres de catholicité de Neufchâtel et Nesles sont muets à son égard et l'existence de cette arrière-petite-fille du bon roy Henry IV risque fort de rester à jamais mystérieuse.

Charles III de Lorraine, duc d'Elbeuf, mourut à Paris, en l'hôtel d'Elbeuf, le 4 mai 1692, âgé de 72 ans[1], comblé d'années, d'honneurs et de postérité et fut inhumé au faubourg St-Germain, dans l'église des Jacobins.

Que la terre soit légère à ce fils prolifique de la Lorraine !

[1] Sa troisième femme, Françoise de Montaut, lui survécut de longues années. Elle testa le 9 novembre 1712, mourut à Paris, le 11 juin 1717, à l'âge de 64 ans et fut inhumée avec son mari et sa fille aînée aux Jacobins.

Achevé d'imprimer
le quinze septembre mil neuf cent deux à Boulogne-sur-Mer
par Baret, administrateur
de la Société Typographique et Lithographique Boulonnaise